DEDICATION

This Inventory Log is dedicated to all the people out there who want to record their inventory and document their findings in the process.

You are my inspiration for producing books and I'm honored to be a part of keeping all of your inventory notes and records organized.

This journal notebook will help you record your details about your inventory.

Thoughtfully put together with these sections to record:

Sheet Number, Date, Stock Location, Counted By, Number, Item, Location, & Quantity.

HOW TO USE THIS BOOK

The purpose of this book is to keep all of your Inventory notes all in one place. It will help keep you organized.

This Inventory Log Journal will allow you to accurately document every detail about your inventory. It's a great way to chart your course through keeping track of your inventory.

Here are examples of the prompts for you to fill in and write about your experience in this book:

1. Sheet Number
2. Date
3. Stock Location
4. Counted By
5. Number
6. Item
7. Location
8. Quantity

Sheet no	Date
Stock location	Counted by

No	Item	Location	QTY

Sheet no	Date
Stock location	Counted by

No	Item	Location	QTY

Sheet no	Date
Stock location	Counted by

No	Item	Location	QTY

Sheet no	Date
Stock location	Counted by

No	Item	Location	QTY

Sheet no	Date
Stock location	Counted by

No	Item	Location	QTY

Sheet no	Date
Stock location	Counted by

No	Item	Location	QTY

Sheet no	Date
Stock location	Counted by

No	Item	Location	QTY

Sheet no	Date
Stock location	Counted by

No	Item	Location	QTY

Sheet no	Date
Stock location	Counted by

No	Item	Location	QTY

Sheet no	Date
Stock location	Counted by

No	Item	Location	QTY

Sheet no	Date
Stock location	Counted by

No	Item	Location	QTY

Sheet no	Date
Stock location	Counted by

No	Item	Location	QTY

Sheet no	Date
Stock location	Counted by

No	Item	Location	QTY

Sheet no	Date
Stock location	Counted by

No	Item	Location	QTY

Sheet no	Date
Stock location	Counted by

No	Item	Location	QTY

Sheet no	Date
Stock location	Counted by

No	Item	Location	QTY

Sheet no	Date
Stock location	Counted by

No	Item	Location	QTY

Sheet no	Date
Stock location	Counted by

No	Item	Location	QTY

Sheet no	Date
Stock location	Counted by

No	Item	Location	QTY

Sheet no	Date
Stock location	Counted by

No	Item	Location	QTY

Sheet no	Date
Stock location	Counted by

No	Item	Location	QTY

Sheet no	Date
Stock location	Counted by

No	Item	Location	Qty

Sheet no	Date
Stock location	Counted by

No	Item	Location	QTY

Sheet no	Date
Stock location	Counted by

No	Item	Location	Qty

Sheet no	Date
Stock location	Counted by

No	Item	Location	QTY

Sheet no	Date
Stock location	Counted by

No	Item	Location	QTY

Sheet no	Date
Stock location	Counted by

No	Item	Location	QTY

Sheet no	Date
Stock location	Counted by

No	Item	Location	Qty

Sheet no	Date
Stock location	Counted by

No	Item	Location	QTY

Sheet no	Date
Stock location	Counted by

No	Item	Location	QTY

Sheet no	Date
Stock location	Counted by

No	Item	Location	QTY

Sheet no	Date
Stock location	Counted by

No	Item	Location	QTY

Sheet no	Date
Stock location	Counted by

No	Item	Location	QTY

Sheet no	Date
Stock location	Counted by

No	Item	Location	QTY

Sheet no		Date	
Stock location		Counted by	

No	Item	Location	QTY

Sheet no	Date
Stock location	Counted by

No	Item	Location	QTY

Sheet no	Date
Stock location	Counted by

No	Item	Location	QTY

Sheet no	Date
Stock location	Counted by

No	Item	Location	QTY

Sheet no	Date
Stock location	Counted by

No	Item	Location	QTY

Sheet no	Date
Stock location	Counted by

No	Item	Location	QTY

Sheet no	Date
Stock location	Counted by

No	Item	Location	QTY

Sheet no	Date
Stock location	Counted by

No	Item	Location	QTY

Sheet no		Date	
Stock location		Counted by	

No	Item	Location	QTY

Sheet no	Date
Stock location	Counted by

No	Item	Location	QTY

Sheet no	Date
Stock location	Counted by

No	Item	Location	QTY

Sheet no	Date
Stock location	Counted by

No	Item	Location	QTY

Sheet no	Date
Stock location	Counted by

No	Item	Location	QTY

Sheet no	Date
Stock location	Counted by

No	Item	Location	QTY

Sheet no	Date
Stock location	Counted by

No	Item	Location	QTY

Sheet no	Date
Stock location	Counted by

No	Item	Location	QTY

Sheet no	Date
Stock location	Counted by

No	Item	Location	QTY

Sheet no	Date
Stock location	Counted by

No	Item	Location	QTY

Sheet no	Date
Stock location	Counted by

No	Item	Location	QTY

Sheet no	Date
Stock location	Counted by

No	Item	Location	QTY

Sheet no	Date
Stock location	Counted by

No	Item	Location	QTY

Sheet no	Date
Stock location	Counted by

No	Item	Location	Qty

Sheet no	Date
Stock location	Counted by

No	Item	Location	QTY

Sheet no	Date
Stock location	Counted by

No	Item	Location	QTY

Sheet no	Date
Stock location	Counted by

No	Item	Location	QTY

Sheet no	Date
Stock location	Counted by

NO	ITEM	LOCATION	QTY

Sheet no	Date
Stock location	Counted by

No	Item	Location	QTY

Sheet no	Date
Stock location	Counted by

No	Item	Location	QTY

Sheet no	Date
Stock location	Counted by

No	Item	Location	QTY

Sheet no	Date
Stock location	Counted by

No	Item	Location	Qty

Sheet no	Date
Stock location	Counted by

No	Item	Location	QTY

Sheet no	Date
Stock location	Counted by

No	Item	Location	QTY

Sheet no	Date
Stock location	Counted by

No	Item	Location	QTY

Sheet no	Date
Stock location	Counted by

No	Item	Location	QTY

Sheet no	Date
Stock location	Counted by

No	Item	Location	QTY

Sheet no	Date
Stock location	Counted by

No	Item	Location	QTY

Sheet no	Date
Stock location	Counted by

No	Item	Location	QTY

Sheet no	Date
Stock location	Counted by

No	Item	Location	QTY

Sheet no	Date
Stock location	Counted by

No	Item	Location	QTY

Sheet no		Date	
Stock location		Counted by	

No	Item	Location	Qty

Sheet no		Date	
Stock location		Counted by	

No	Item	Location	QTY

Sheet no	Date
Stock location	Counted by

No	Item	Location	QTY

Sheet no	Date
Stock location	Counted by

No	Item	Location	QTY

Sheet no	Date
Stock location	Counted by

No	Item	Location	QTY

Sheet no	Date
Stock location	Counted by

No	Item	Location	QTY

Sheet no	Date
Stock location	Counted by

No	Item	Location	QTY

Sheet no	Date
Stock location	Counted by

No	Item	Location	QTY

Sheet no	Date
Stock location	Counted by

No	Item	Location	QTY

Sheet no		Date	
Stock location		Counted by	

No	Item	Location	QTY

Sheet no	Date
Stock location	Counted by

No	Item	Location	QTY

Sheet no	Date
Stock location	Counted by

No	Item	Location	QTY

Sheet no	Date
Stock location	Counted by

No	Item	Location	QTY

Sheet no	Date
Stock location	Counted by

No	Item	Location	QTY

Sheet no	Date
Stock location	Counted by

No	Item	Location	QTY

Sheet no	Date
Stock location	Counted by

No	Item	Location	QTY

Sheet no	Date
Stock location	Counted by

No	Item	Location	QTY

Sheet no	Date
Stock location	Counted by

No	Item	Location	QTY

Sheet no	Date
Stock location	Counted by

No	Item	Location	QTY

Sheet no		Date	
Stock location		Counted by	
No	**Item**	**Location**	**QTY**

Sheet no	Date
Stock location	Counted by

No	Item	Location	QTY

Sheet no	Date
Stock location	Counted by

No	Item	Location	QTY

Sheet no	Date
Stock location	Counted by

No	Item	Location	QTY

Sheet no	Date
Stock location	Counted by

No	Item	Location	QTY

Sheet no	Date
Stock location	Counted by

No	Item	Location	QTY

Sheet no	Date
Stock location	Counted by

No	Item	Location	QTY

Sheet no	Date
Stock location	Counted by

No	Item	Location	QTY